L'écho d'une île

Une autiste à Lanzarote

Pour Sophie et Brigitte
Elles ne savent pas tout ce que je leur dois.

Création de la maquette intérieure et de la couverture
Réalisation de la mise en page : Sophie Charbonnel
Relecture : Laurence Romieu
Photogravure : Atelier Frédéric Claudel - Paris

ISBN : 979-10-96405-90-9

DELPHINE PRIOLLAUD-STOCLET

L'écho d'une île

Une autiste à Lanzarote

AKINOMÉ

préface

Regard sur Delphine

Par Stéphane Barsacq

Par quel merveilleux hasard ai-je connu Delphine Priollaud ? Nous partagions les mêmes sorties, entre autres, une soirée mémorable pour aller applaudir *Henri IV* de Pirandello. Dans le même temps, je découvrais le livre d'André Breton, *L'Amour fou*, un manifeste écrit en faveur d'une trinité qu'aucun tyran ne pourra assujettir : « l'amour, la liberté, la poésie » ? Nul n'ignore qu'André Breton termine son livre par l'évocation des îles Canaries et de son « *Castillo estrellado* », – son « Château étoilé », « construit en pierre philosophale », « à flanc d'abîme ». Il était donc écrit que je retrouverai Delphine Priollaud, devenue une artiste fervente des hautes visions, dans le même archipel, sur l'île de Lanzarote. Nul hasard. Un signe. Mieux : une élection. Et quel parcours ! Dès nos seize ans, Delphine Priollaud m'a touché par sa retenue, sa concentration, cette faculté à se gouverner et à se rendre maîtresse d'elle-même. J'y voyais le signe d'une maturité, la force d'une âme, comme si elle était venue *de plus loin*. J'observais ma camarade si élégante dont l'éclat et la beauté dissimulaient mille secrets. J'ignorais alors les difficultés contre lesquelles, outre celles de l'adolescence, elle avait à lutter. Aussi, ne puis-je qu'être admiratif de son travail qui, en un sens, répond à tout ce que l'on pouvait espérer d'elle, et en même temps vient couronner et achever un combat intérieur.

Mais que nous donne-t-elle à voir ? Une île, un monde clos, des rivages battus par le vent ; des paysages à perte de vue où toutes les teintes se répondent et viennent créer une musique ; des pans de murs, des pierres, des herbes, la sauvagerie du monde dans sa pureté inaliénable. Mais encore ? La mer immobile qui, sous l'absence de nuages, s'apparente à un ciel renversé. On baigne ici et là, au gré de ses peintures, aquarelles et dessins, dans le vent du large, comme dans une source lustrale. La pensée erre et bondit sur les cercles de l'azur, jusqu'à cet infini où l'on cesse d'être soi-même, et où l'on sent en soi la vie de toutes choses : *un appel à la joie*.

Dirais-je que ce paysage est intérieur ? Il établit une chaîne de correspondances entre des visions et ce qui ne peut se voir : une âme en action, une image de l'invisible, une percée de l'ineffable. Tout est donné dans une virginité qui est celle de l'éternité : l'homme pourrait ne pas être, ou alors être appelé à être au terme de ce cheminement intérieur entre l'extase et le dépouillement. Mais il faut justement le regard de cette artiste pour lui donner sa perfection née de l'amour.

Delphine Priollaud a le geste sûr et rapide. Elle va à l'essentiel, sans se perdre dans les détails. Dans cette île de pierre et de lumière, tout évoque le style sur des plans puissants et sobres. Encore une fois, elle harmonise les ordres les plus contraires : le désert et l'amour, l'absence et la présence, l'infini et le fini, un monde absurde que l'on vient habiter avec le cœur. Ce monde clos devient ouvert aux cinq sens, et à tous les temps, le passé, le présent, le futur. On peut la suivre avec gratitude : elle discerne par-delà les formes l'émotion qu'elles créent. Magie de l'art où soudain l'artiste ne peint pas ce qu'elle voit, mais nous invite à observer l'essentiel ! Par un art consommé, elle réussit en outre à tenir à égalité les deux dimensions de la peinture : ce qu'elle a de plus figuratif et ce qu'elle a de plus abstrait, d'où ce sentiment de la beauté. Delphine Priollaud réussit à ne rien céder à l'art classique, tandis qu'elle est modernissime. La géométrie qu'elle décèle est une hiérarchie sensible, qui rend le monde à notre méditation émue.

Delphine Priollaud montre comment trouver dans la solitude un peuple et dans le désert une plénitude. Dernier terme d'un parcours qui l'a menée d'elle à elle, en se replaçant au cœur du monde, et en nous y invitant, dans une contemplation où les couleurs, les traits et les formes s'épousent. Mais n'est-ce pas encore André Breton qui osa écrire dans *L'Amour fou* : « C'est la première fois que j'éprouve devant le *jamais vu* une impression de *déjà vu* aussi complète ? »

Stéphane Barsacq, écrivain, journaliste et éditeur,
et Delphine Priollaud se sont rencontrés
au lycée Condorcet à Paris.

Avant-propos

Même si je me suis toujours sentie différente, en décalage, j'ai été diagnostiquée autiste porteuse du syndrome d'Asperger seulement en 2019, après une longue errance diagnostique.
L'autisme est une autre manière d'être au monde.
Des perceptions accrues, particulières, une sensation de fragmentation et de dissociation du monde.

Je vois des couleurs que personne ne voit, je suis capable de devenir folle face à des bruits et des odeurs qui laissent indifférents les autres.
Synesthète, je vois les mots en couleurs et celles-ci ont un goût.

Je pense par concepts mais je ne sais pas dire bonjour sans maladresse. Un paysage m'émeut aux larmes, mais je suis incapable de trouver les mots justes pour exprimer mon empathie à une personne malheureuse.
Je ne reconnais pas les visages mais je n'oublie rien. Je m'adapte en permanence, au risque de me perdre.

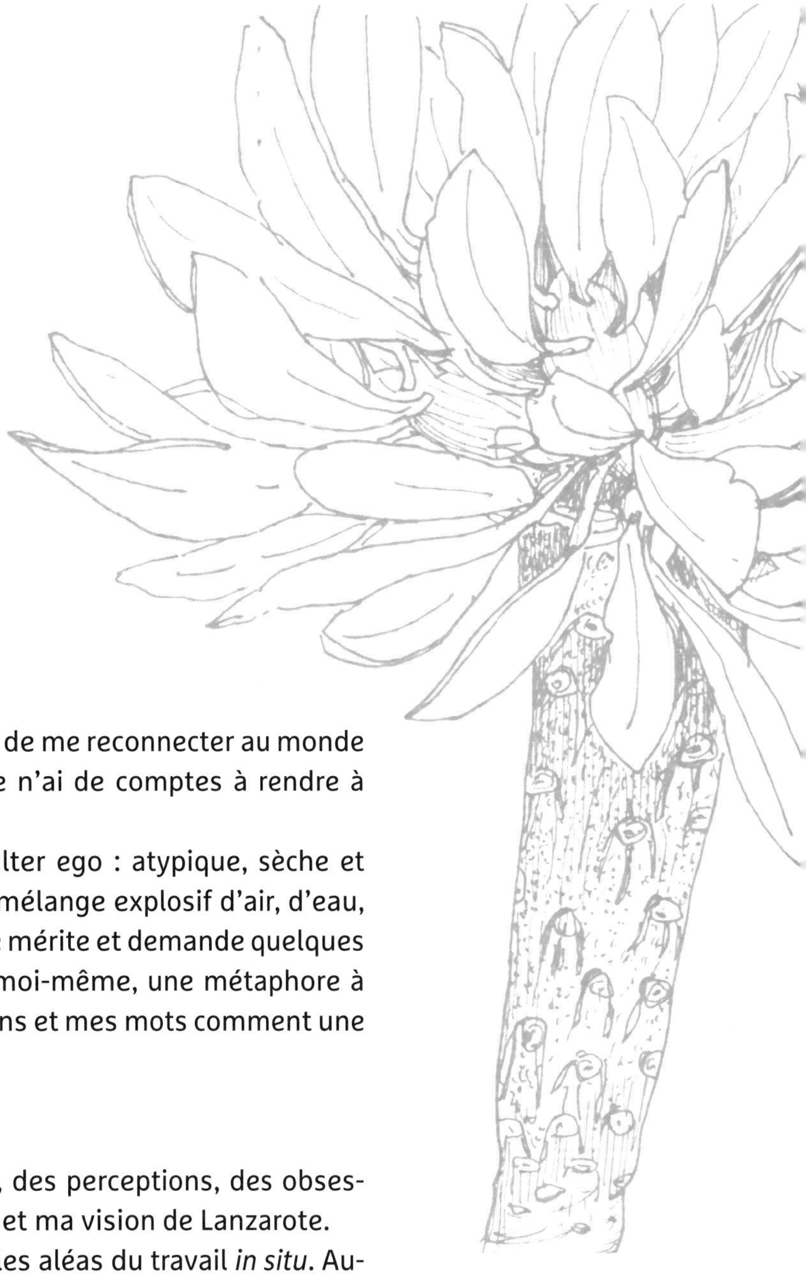

Voyager est une chance immense qui m'a permis de me reconnecter au monde et à moi-même. Étrangère en terre inconnue, je n'ai de comptes à rendre à personne, pas de rôle à jouer.
J'ai découvert en Lanzarote une île-miroir, un alter ego : atypique, sèche et dure en surface mais bouillonnante au fond, un mélange explosif d'air, d'eau, de terre et de feu semé de cactus. Une terre qui se mérite et demande quelques efforts pour s'apprivoiser. J'y ai vu un écho de moi-même, une métaphore à portée de main pour raconter à travers mes dessins et mes mots comment une autiste perçoit le monde.
Je m'y sens bien, à ma place.

Mes textes et dessins évoquent des sensations, des perceptions, des obsessions en établissant un parallèle entre l'autisme et ma vision de Lanzarote.
Ils sont réalisés intégralement sur le motif, avec les aléas du travail *in situ*. Aucune reprise *a posteriori*, jamais de travail d'après photo et la volonté de restituer avec sincérité l'instant présent dans l'énergie et la dynamique du moment.

sommaire

> « Venir au monde
> sur cette strate brûlée de cendres,
> au milieu de l'Atlantique,
> conditionne tout être
> passablement sensible. »
>
> **César Manrique**

Vers Montaña Blanca,
Parc naturel des volcans

différente

Playa de la Madera (détail)

dissolution

octobre 2018

La pénombre dégage une odeur de cires et d'épices.
Il fait nuit.
Des enfants crient dans la rue.
Je suis à Chefchaouen.

Je viens de comprendre.

Le hasard d'une navigation sur l'océan internet. Dérive au long cours ponctuée de clics et de liens fortuits.
Liens.
Quel drôle de mot qui réunit l'entrave et le partage !
Créer du lien, tisser une relation, tricoter une histoire commune. Je n'ai jamais été douée pour ça, moi, la fille qui fait des nœuds. Je dévore le blog de Julie sans mâcher les mots, une pulsion boulimique de savoir, de m'assurer, de me rassurer, je pense tout fort : « C'est moi ! »

Je clique encore une fois sur les mots d'Alexandra qui déferlent en balayant mes doutes.
Je ne suis plus toute seule.

Matière à penser

Les troubles du spectre de l'autisme (TSA) se caractérisent par une altération des interactions sociales, des intérêts spécifiques restreints, des réactions sensorielles inhabituelles et, dans certains cas, des difficultés d'apprentissage. Depuis 2013, le terme Asperger qui désignait une forme d'autisme sans déficience intellectuelle n'est plus utilisé par la communauté scientifique. En France 600 000 adultes seraient porteurs d'autisme.

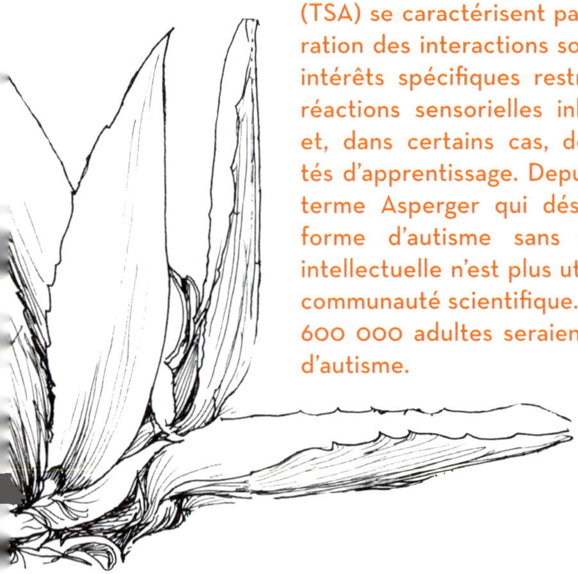

Playa de Las Malvas

Delphine, Lanzarote, février 2022.
© Brigitte Lannaud Lévy

Je suis autiste Asperger. Autiste.
J'ai trouvé la clé.
Le mot enfle dans ma tête qui fait caisse de résonance.
Je chavire, je fonds en larmes, j'éclate de rire.

Ma vie peut commencer après 45 ans de questionnements, de doutes et d'incompréhensions.

Avec l'intime conviction d'être autiste, j'avais décidé d'entamer une démarche diagnostique complète. Celle-ci passa par des tests et entretiens réalisés par un psychiatre, une psychologue et une neuropsychologue. En septembre 2019, je fus diagnostiquée porteuse d'un TSA.

itinéraires bis

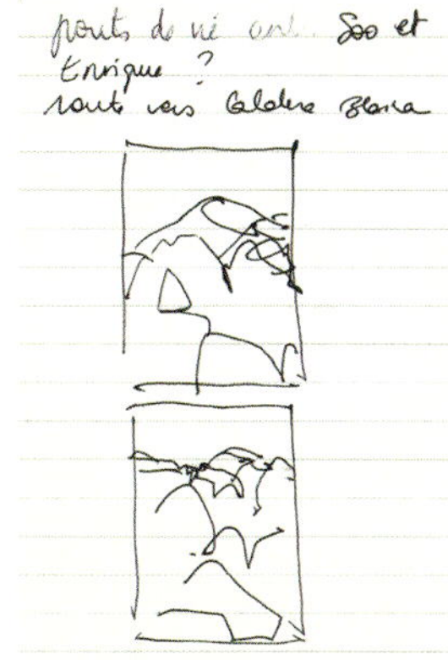

Champ de lave,
vers Montaña Colorada

Je prédis mes voyages comme d'autres lisent l'avenir,
en tirant les cartes d'un jeu de tout, sauf de hasard.
Sinon, le monde ne tourne plus rond.
Et si...
Les éventualités se ramifient, tandis que germe
le champ des possibles. J'arrache à l'avance les
mauvaises surprises, je balaie les grains de sable.
En chemin vers l'inconnu, mon imagination s'empare
de chaque potentialité, échafaudant des plans d'une
précision telle, que le risque d'imprévus frôle le zéro.
Certains s'imaginent qu'un voyage excitant relève
de l'improvisation.
Je vous le dis, un voyage d'anticipations, c'est une autre
aventure.
Je préfère tracer ma route toute seule sans demander
l'aide de personne.

D'abord singulier, mon itinéraire se décline au pluriel.
Pas de panique.

delphine à Lanzarote

Delphine, 4 ans

Delphine a les yeux bleus, des cheveux de lin, un visage de poupée.
Elle aime être bien habillée et rire avec ses amies.

Les îles déroulent des plages de sable bordées de villages typiques qui attirent les touristes amateurs de souvenirs et d'oubli.
Les îles sont synonymes de fête.

Mon prénom m'allait de travers comme un vêtement mal ajusté que je rêvais d'accrocher à un cintre tout au fond d'une armoire.

Lanzarote n'a rien à voir.
Les maisons pâlissent au point qu'elles donnent de loin l'impression qu'il a neigé.

Petite, j'étais dodue, brune et timide. Mes yeux amande amère disparaissaient derrière une frange épaisse.
On m'a souvent reproché un regard qui poignarde.

Lichens et épines mordent les mollets.
Agrippées aux cailloux, les immortelles s'épanouissent comme par enchantement.
Magie noire.

Je m'appelle Delphine par la grâce d'une déesse.
Delphine Seyrig.
Ma mère s'imaginait que je ressemblerai à cette photo où l'on voit l'actrice rayonner de blondeur et d'élégance. J'ai longtemps pensé qu'elle regrettait d'avoir mis au monde une enfant si différente de la petite fille modèle qu'elle désirait.
Je me trompais.
Elle m'a offert le prénom d'une belle insoumise qui revendiquait l'indépendance et l'autonomie des femmes.
Un esprit libre.

Lanzarote

Je suis Delphine.

Elle s'appelle Lanzarote peut-être parce qu'un navigateur génois nommé Lanzarotto la découvrit en premier.
Ou bien à cause d'un envahisseur qui aurait débarqué en brisant sa lance comme une déclaration de guerre.
Car Lanza Rota signifie lance brisée en espagnol.
Avant cela, les Romains l'avaient surnommée l'Ile pourpre comme si elle devait rougir de son tempérament.

Lanzarote, c'est moi.

extra-terrestre

« Lanzarote est comme une œuvre d'art sans cadre, non assemblée que j'ai accrochée et tenue en l'air pour que tout le monde puisse la voir. »

César Manrique

Le Tso Moriri m'avait émue aux larmes. À 5000 mètres d'altitude, je touchais en levant les bras la beauté du ciel du bout des doigts. L'Himalaya avait prouvé qu'un paysage pouvait me rendre humaine.

J'ai pleuré pour la seconde fois à Lanzarote, en découvrant que la Terre abritait la possibilité d'un ovni.

Une île aux antipodes.

Sous son écorce palpite un cœur plus sensible que celui d'une bombe.

Matière à penser

Lanzarote a été déclarée réserve de biosphère par l'UNESCO en 1993. L'engagement de l'artiste César Manrique pour lutter contre l'impact du tourisme de masse en préservant le lien entre l'homme et la nature a joué un rôle décisif. Grâce à lui, la beauté brute de Lanzarote est encore préservée.

L'averse, en allant à Órzola

on the rocks

El Golfo

Le silence file comme le sable s'écoulant à travers l'interstice qui sépare deux rochers.
Le plus souvent, on les ignore sans jamais remarquer à quel point ils sont admirables.
Pétris de fierté, les cailloux se fichent de séduire.
Leur présence immuable dégage une tranquillité de géants qui rassure.
Ils sont là, un point c'est tout.

Je me sens poreuse et dure, cassante et solide, brutale et subtile.
Je peins les chaos rocheux en forme d'autoportraits.
Une ultime tentative pour me reconnaître, moi qui suis incapable de voir à qui je ressemble vraiment.

En voilà des plis chiffonnés à défroisser, des fragments de demi-jour et de couleurs à réconcilier.
L'image se recompose et petit à petit le puzzle s'assemble.
J'apparais.

Touchée en plein cœur, me voici. J'existe.

Piscines naturelles, Caletón Blanco

Les galets noirs, Playa de Los Caletones

bleu

Le bleu n'est pas une couleur comme les autres.
La noyade ou l'envol.
Bleu marine, bleu ciel.

Le bleu refroidit la terre en éteignant le feu.

Chaque fois que je mélange de l'indigo à un pigment, un miracle se produit.
La lumière refait surface sans quitter l'ombre.
Une pointe de céruléum révèle l'âme grise du rouge de cadmium, avec profondeur.
Chaud effroi, sombre et éclatant, l'outremer pur abolit les frontières de l'émotion.

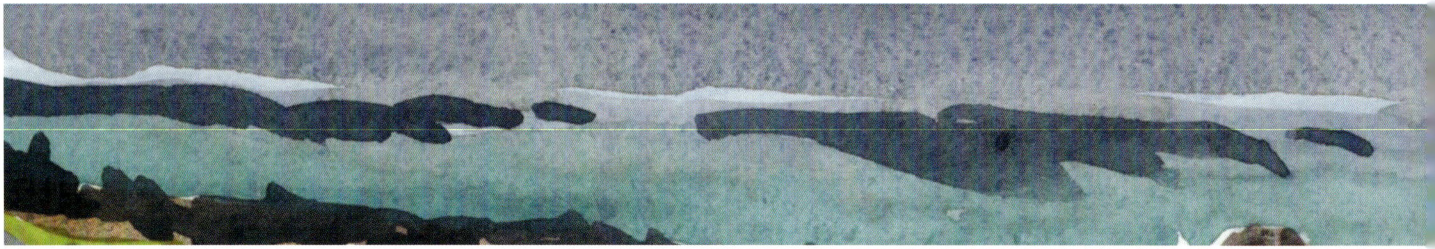

résistante

Variations, Órzola (détail)

in vino veritas

Déroulant à perte de vue ses rubans de pierres sur le sable volcanique, La Geria brode des arabesques qui évoquent les motifs énigmatiques d'une calligraphie zen. Du noir, du blanc, une rondeur aride. Tout et son contraire.

Le paysage écrit l'histoire unique d'un vin résilient, nourri de lave et de cendres.
De chaque côté de la route qui relie Teguise à Yaiza, creusés en forme d'alvéoles dans les lapilli, les *zocos* protègent ainsi la vigne pour que s'enracinent les ceps malgré la violence du vent.

L'ingratitude de la terre, la sécheresse et les coups de sirocco distillent ce goût puissant qui donne au vin son caractère âpre, ou bien doux contre toute attente.

Une affaire de résistance.

Matière à penser

Cépage cultivé depuis des siècles à Lanzarote, la *Malvasía volcánica* puise sa force dans les terres pauvres. Elle donne un vin blanc aux arômes d'abricot et d'agrumes mêlés de miel et de noisette, puissant en alcool, d'une belle couleur paille.

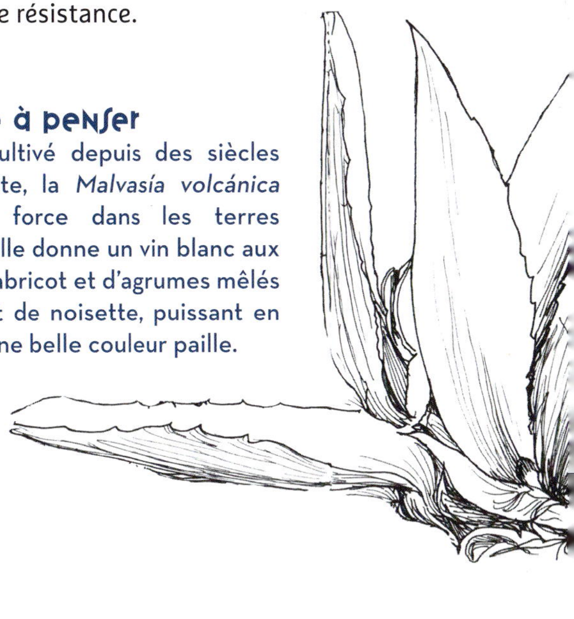

La Geria

Mauvais caractère

Je me suis prise de passion pour les volcans vers l'âge de 8 ans.
Un intérêt spécifique typique de l'autisme, qui n'a pas duré longtemps, mais tout de même.
Déjà, il me semblait reconnaître les excès de mon tempérament devant les coulées de lave et les gerbes d'étincelles coloriées à la gouache qui illustraient mon encyclopédie pour enfants.

Le point de vue est incroyable.
Les lichens se fraient un chemin phosphorescent à travers les blocs de lave, vers une suite de cratères que midi allume.

Je donne des coups de pinceau dans le noir avec l'espoir de déchiffrer à l'aveuglette la partition de ce paysage qui outrepasse les harmonies que l'on apprécie d'habitude.

Montaña del Fuego

Lichens et scories,
Parc naturel des volcans

J'ignorais le nombre infini de possibilités.
Cela paraissait pourtant simple : des cailloux épars, l'aplat du ciel, du mauve pour les volcans.
Les cailloux brunissent. En feu, les montagnes partent en fumée.
Une marée noire de rochers se répand à perte de vue.

Je retouche, rature, dilue, superpose, surcharge, gâche, fragilise, perds l'équilibre.
Sans scrupule comme les scories qui déchiquettent mes semelles, je brutalise le papier pour obtenir gain de cause. Peu importent les résistances.

J'aurai le dernier mot.

Zocos

champ de bataille

Variations, Órzola

Les rochers ont le privilège de l'éternité.
Leur peau sillonnée de rides décrit la genèse.
Un bon point de vue me met l'eau à la bouche.
Là, se dresse au premier plan une masse de violet
qu'il faudra rompre.
Le reflet d'une chimère rampe sur le sable.
Le temps se balance au gré des vagues.
En plein cagnard, la décomposition fait son œuvre.
La vue se brouille si vite.

Les ombres portent au cœur. Abstraction du reste.
Je cligne des yeux pour revenir à moi.
Faire briller les galets en les éclaboussant de blanc.
Un chaos de basalte déboule vers la mer. La crête
d'un rocher fend le ciel d'un coup de calcaire.
Amples les gestes, sans à-coups.

Papier aquarelle 300 grammes au grain fin, cellulose.
Les fibres de coton absorberaient la couleur sans laisser
la moindre chance au repentir.
J'aime la blancheur des marges nettes. Il n'est pas
question de me laisser déborder.

Je recule après chaque coup de pinceau pour vérifier
si l'aquarelle respire encore. Une opération délicate
qui consiste à prendre la mesure du vide.
Un pas en arrière, un pas en avant. On doit me prendre
pour une folle.
Ne rien figer.

Se détendre, calmer le jeu. Sinon, on perd l'équilibre.
Plus de rouille par ici, une pointe de bleu par là. L'indigo
ravive un noir quand il chante avec l'orange. Je salive
en entendant vibrer certains accords de couleurs.

J'en fais trop, plus de mesure perte de repères je tremble
j'ai peur je cavale.
Le premier plan se brouille avec l'horizon.
Le poids des détails aplatit les reliefs.
La bataille s'achève sur un massacre.
Une trouée de flou déchire enfin le ciel.
Je rêve de m'y pelotonner.
Je recommencerai demain, condamnée comme Sisyphe
à pousser mon rocher à grands coups de brosse,
sans m'arrêter.

Matière à penser

Menacés par la dernière coulée de lave, les villageois prièrent en procession, portant la statue de la Vierge des Douleurs empruntée à l'église San Roque de Tinajo. La lave dévia son chemin juste avant d'atteindre les premières habitations. Notre-Dame-des-Douleurs avait repoussé le feu, miracle réitéré en 1824. Un ermitage lui est consacré dans le village de Mancha Blanca.

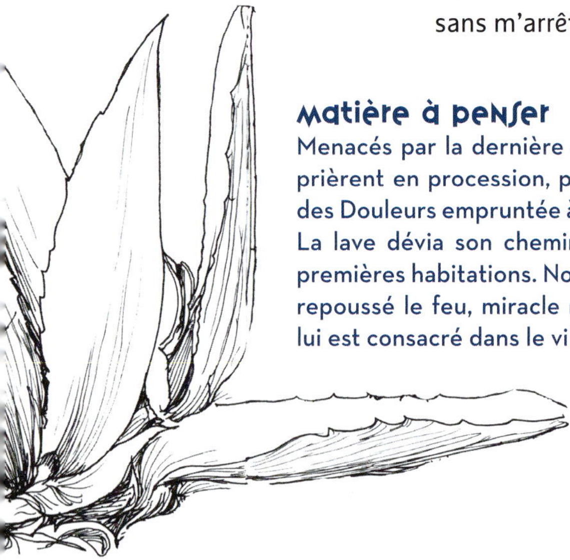

Fragmentation,
Parc naturel des volcans

Champ de lave, Parc naturel des volcans

calima

Famara, force 7

La mer dresse un mur d'écume et de vagues triomphantes mes joues irritées par des larmes de sel laminées par les grains de sable vifs comme des pointes je vacille ivre d'iode et d'inconscience.
Je suis seule il faut être folle du désir de peindre pour ne pas courir s'abriter pour combattre la tempête le froid l'air qui fouette.
Mon pinceau charrie les lavis gorgés de sable et d'embruns je ne maîtrise plus rien des efflorescences de pigments forment des auréoles granuleuses renoncer à la délicatesse de la transparence.
Je n'entends plus que les vagues gronder
Des nuages d'ocres tourbillonnent
J'ai la bouche sèche le nez pris respiration coupée par l'étreinte du sirocco qui porte à Lanzarote le nom de calima.
Calima on imagine une musique qui balance ou bien le titre un peu nostalgique d'un roman russe une berceuse pour enfants
un plat aux saveurs de fruits cuits des couleurs chaudes.
Je grogne comme une boxeuse qui s'en prend plein la tête je ne lâcherai pas dernier round je déclare forfait quand la dune achève d'engloutir ma boîte d'aquarelles sables mouvants je cours contre le vent toujours de l'avant.

Playa de la Madera

Famara, crépuscule

Spectacle vivant

La falaise, Caleta de Famara

La plage de Famara s'étale sur des kilomètres entre le village de surfeurs et une imposante falaise, qui rappelle qu'à cet endroit se trouvait, autrefois, une caldera.
La mer se déchaîne, l'écume au bord des vagues.

Je suis impuissante pour raconter comment les déferlantes se suicident en masse contre les rochers.
Cela pourrait m'attrister. Il n'en est rien. Je dois dessiner, même si je sais à l'avance que je ne serai pas satisfaite.
Un vertige comparable à l'excitation que procurent les défis de taille me fait tourner la tête.
Cette fois-ci sera la bonne.
Pas question de me laisser intimider. Après tout, nul n'est tenu à l'impossible.
La mer ne pose jamais. Elle n'existe qu'en mouvement.
Au crépuscule, l'eau se retirait avec des ondulations à peine perceptibles.
Ce matin, elle avance à pas de géant.

Un jour étale, tout à coup prise de folie, sans autre raison que celle des dépressions conjuguées avec la force du vent.
On dit que l'instabilité fait peur. Elle me fascine.

Anorexie mentale

À l'âge de 13 ans, j'ai décidé de ne plus manger.
La maigreur révèle la structure de l'intérieur. Os, tendons, articulations.
Le saillant.
Rien de superflu. On va à l'essentiel.
En disparaissant, la chair emportait avec elle les rondeurs de l'enfance
et du caractère.
Écorchée vive, je pouvais grandir et toucher le fond.

Les pierres sèches de Lanzarote ne fleurissent pas souvent.
Ici, la terre n'est jamais bien grasse.
Lanzarote touche mais ne séduit pas.
La beauté ne vaut rien comparée à la survie.

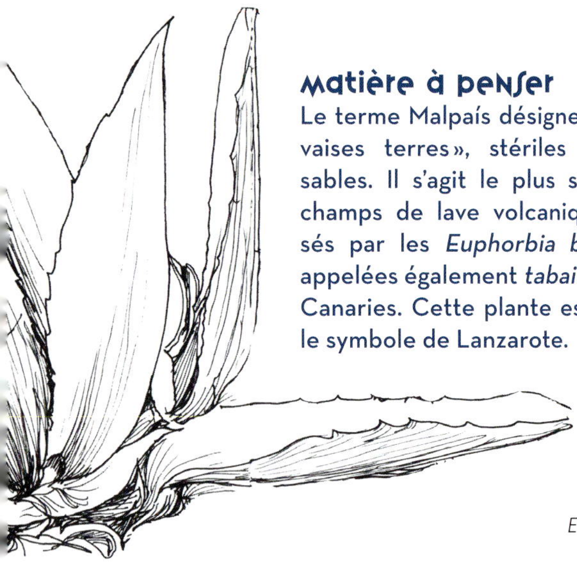

Matière à penser

Le terme Malpaís désigne les « mauvaises terres », stériles et inutilisables. Il s'agit le plus souvent de champs de lave volcanique colonisés par les *Euphorbia balsamifera* appelées également *tabaiba* dans les Canaries. Cette plante est devenue le symbole de Lanzarote.

En regardant vers Órzola, Euphorbe balsamifère

état de grâce

Le *tabaibal-cardonal* s'accroche coûte que coûte au malpaís volcanique composé de pyroclastes.

Les feuilles des euphorbes, *asteraceae*, cactées, agaves et crassulacées qui peuplent cette garrigue singulière se gavent de l'eau puisée au compte-goutte du brouillard et des embruns. Moins elles en ont, plus généreuses sont leurs formes.

Malacophytes charnues, les succulentes débordent de sève.

Elles gardent la tête haute malgré la chaleur, la sécheresse, le sel et le vent.
Des insolentes.

Noirs colorés

Le mystère de la couleur noire nous surprend toujours. Secrète par essence, elle absorbe toute la lumière.
Je l'approche à pas de loup, en ajoutant à l'indigo un soupçon de rouge vermillon.
D'autres fois, il suffit de la rencontre entre l'ombre brûlée et l'outremer pour fondre dans l'obscurité.

stupéfiante

La Santa, vers 9 heures

je fais un rêve

Quel pays dessinerait la Terre comme une autre planète ? Qui épouserait l'eau pour enfanter le feu et le ciel ?
Quelle terre extirperait de ses entrailles fumantes des couleurs qui n'existent que dans l'imagination des peintres ?
Quels lieux incertains peuplent mes rêves de chaos en furie ?

Bleu céruléen, cramoisi d'alizarine, ombre brûlée, outremer. Pigments essentiels pour capturer les quatre éléments réunis, mes aquarelles de cœur.
De l'eau, de l'encre, le blanc et le grain du papier.

Je rêve d'une île pour vagabonder au rythme de mes étonnements, l'espace d'un territoire à mille lieues des paysages connus et reconnus.

Lanzarote chuchote à l'oreille des cailloux des mots arides aux tonalités de soufre.
Les plages parées de fleurs sauvages frémissent quand le vent les effleure.

Caleta del Mojón Blanco

J'aimerais parcourir à pied ces déserts ponctués de volcans endormis, deviner les eaux bouillantes emprisonnées sous terre, explorer de nouvelles frontières picturales.
Voir naître le cosmos, jouer avec le feu.
Un retour aux sources.

Peindre les gris colorés et l'éclat du chaud.
Jeter sur le papier la trace de mes pas.

Lanzarote, mon rêve de fin du monde.

Matière à penser

« L'éruption de Timanfaya s'est déroulée dans la journée du 1er septembre 1730 où une énorme montagne surgit de la terre et s'éleva vers le ciel. [...] Chaque fois que les hommes croyaient que leur malheur s'achevait, de nouvelles fissures s'ouvraient, de nouveaux cônes s'érigeaient. »

Lorenzo Curbelo,
curé du village de Yaiza

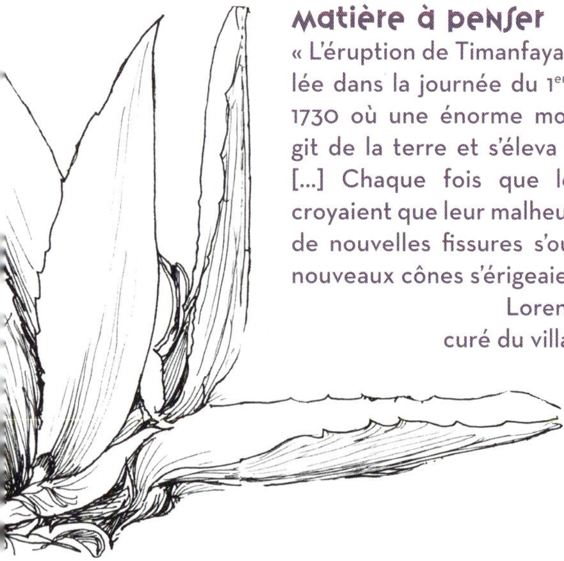

Caleta del Mojón Blanco

éruptions

Montaña del Cuervo

Des champs de lave se figent à perte de vue.
La silhouette mamelonneuse des volcans trempés de soleil découpe un nuage.
Il ne subsiste que des cendres, des statues de charbon et des roches pulvérisées par l'explosion. Des hectares de scories que le magma en ébullition a déroulés sans fin.
L'eau, le feu, l'air et la terre dansent un pas de quatre endiablé.
Bleu outremer, oxydes rouges, jaune de soufre.
Couleurs pures, primaires. Rien de secondaire. L'ombre qui rassemble.
La lumière pour révéler.
Les pierres réchauffent leur sang froid quand on les prend par la main.
En frottant avec délicatesse deux silex, on fera jaillir des étincelles.
La pierre allume le feu.

Lichens sauvages

Derrière El Cuervo

géographie du sensible

Le soir, du vent, à l'ouest.
Soudain, Lanzarote jette un sortilège. Sans poudre aux yeux.

Des coups de soleil à faire rougir les volcans embrasent tout sur leur passage. L'océan souligne franchement le ciel d'une ligne bleu horizon.

Comment mesurer la dimension de ce tableau grandeur nature ?

Matière à penser

La route LZ22 qui relie Yaiza à Playa Blanca surplombe les salines de Janubio, exploitées depuis 1895. Un patchwork de bassins roses, blancs, jaunes ponctués de pyramides de sel immaculé qui offrent un spectacle à couper le souffle au coucher du soleil. Huppes fasciées, roselins et oiseaux migrateurs peuplent les marais salants et la lagune.

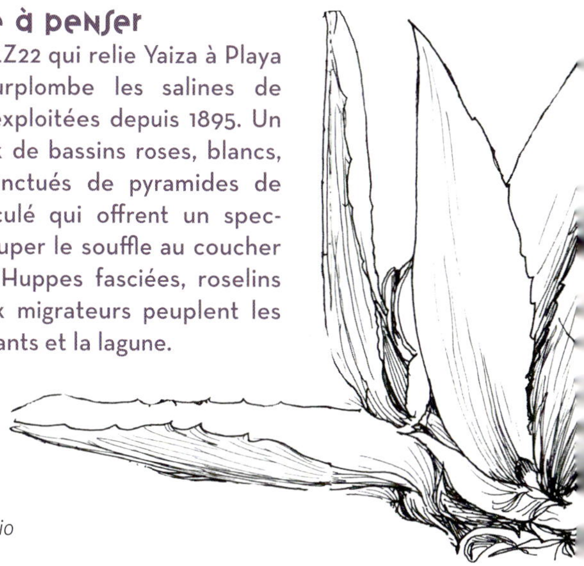

Salinas de Janubio

Montana del cuervo

Je voyageais à Lanzarote sur l'île des mille volcans et du vin de terre et du vent de mer
Et je déchiffrais mon histoire
Et le tempérament de feu des montagnes
Le palmier qui se dresse tout seul en affolant le ciel
J'aurais voulu faire saigner mes peintures
Et noyer le papier
Je n'avais pas assez des couleurs que m'offrait le mélange
des primaires
En chemin un jeune homme à lunettes hurle sa colère
La fiancée répond avec des mots qui tremblent
Je baisse la tête
Ils disparaissent dans la poussière
La tempête emporte mon carnet
Du gravier plein les yeux et les ombres se couchent pour la nuit
La montagne du corbeau gît comme une femme éventrée
À moitié calcinée
Lanzarote voit rouge
J'ai tourné de l'œil

Matière à penser

Surnommé « le Corbeau » à cause de sa couleur d'un noir charbonneux, El Cuervo qui culmine à 391 mètres dévisage Montaña Negra et Montaña Colorada. Dans la nuit du 1er septembre 1730, El Cuervo explosa, libérant un torrent de lave dévastateur. Son basalte noir est riche en olivine, une pierre semi-précieuse d'un vert lumineux issue du manteau terrestre, également appelée péridot.

Montaña del Cuervo

Montaña del Cuervo, leporello au vent

radicaLité

Il faut trouver des lignes très simples, presque rien. Des nuances indécises vaporisent un pschitt de poésie. Le ciel s'inquiète. La mer est d'un gris délirant.

Esquisser le motif, juste comme un souvenir qui s'amuse avec la mémoire.

Matière à penser

Situé tout près du village d'El Golfo, la Laguna verde, ce lac toxique d'un vert intense qui joue avec le sable noir et la roche écarlate provient d'un cratère sous-marin. Sa couleur émeraude résulte du phytoplancton, des sulfures et d'une salinité qui dépasse celle de la mer morte. Mieux vaut ne pas s'y baigner !

El Golfo surgit.

Órzola, fin de journée

Charco de la Novia, Órzola

rouge

Le cramoisi d'alizarine s'écrase comme un fruit trop mûr.
L'ocre rouge sent le caramel et du jus d'orange dégouline à l'ouverture du vermillon.
Alors que saigne l'écarlate, une touche de carmin dépose avec délicatesse son pétale de rose.

À chaque gorgée, le vin distille en bouche le grenat des volcans, le lapis-lazuli marin et le bronze du soleil.
Rien n'est si précieux.

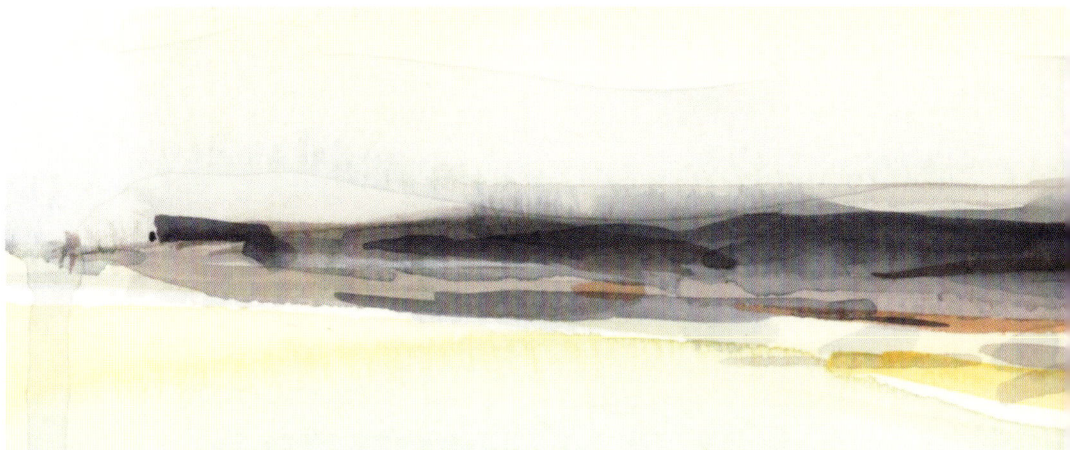

dérangeante

Immortelles sauvages, Las Cocinitas

d'épines et de sel

Opuntia scheeri

Personne ne dit non à la fraîcheur d'une promenade au vert.
J'évite les arbres.

J'ai honte de l'avouer, mais ils me terrorisent.
L'odeur de l'écorce mouillée grouille de larves qui me répugnent.
Leur taille m'intimide, je me sens minuscule. Un pollen a bien failli me tuer un jour d'automne, au beau milieu d'un champ d'arganiers magnifiques.

Je me méfie du frisson des feuillages qui brodent par terre d'inquiétants motifs de lumière.

Je les tolère davantage en hiver quand dépourvus de feuilles, de couleurs et de parfums, ils me laissent enfin tranquille.

À Lanzarote, les arbres sont rares.
À part des bouquets de palmiers égarés avec grâce au pied d'un volcan.
Adossés aux murets de pierres sèches, des buissons d'agaves ourlent d'absinthe les chemins. Les cactus dressent leurs oreilles de lapin.
Côté mer, d'épineux coussins de belle-mère rampent parmi les bouquets d'euphorbes et d'astérolides. Qui s'y frotte s'y pique.

Succulente agave

On ne cueille sur cette île que des plantes en armure.
Elles n'ont besoin de personne pour exister. Du sable arrosé de soleil suffira à leur bonheur.
Être sauvage leur va si bien.
Sont-elles agressives ?
Elles ne connaissent que les piquants pour ne pas être touchées.
Je m'y retrouve.

Soo à Muñique

Buissons d'agaves

Euphorbia balsamifera

petit Matin

La nuit accouche d'une matinée couleur de rosée.
Pas le moindre nuage pour ternir le jour qui grandit.
Les pêcheurs traînent des pieds à ma porte.
Il est 7 heures à peine.

Des voix cassées par le tabac pénètrent par effraction chez moi.

J'avale une gorgée de café sans sucre.
Un oubli de mauvais goût.
L'amertume fait une boule dans ma gorge.

Dehors, ils rient de plus en plus gras, les verres s'entrechoquent, des femmes jacassent.

Ma tasse bascule dans une position grotesque, d'un côté, puis de l'autre.
On dirait un bateau en perdition comme moi.
Le café s'est renversé, dessinant sur le carrelage une flaque qui me dévisage d'un œil noir.
La fumée des cigarillos se mélange avec l'odeur écœurante du café.

Une inspiration, retour à la surface.
J'éponge.

L'éclat des voix s'estompe.
Silence.
Un café noir.
Deux sucres pour agacer l'amer.

Bateaux de pêche, La Santa

jaune

Les lichens illuminent les lambeaux de lave d'étincelles phosphorescentes. Le jaune est l'apanage des magiciens de la nature qui habillent d'ambre le sable brûlant, les fleurs et les vagues à l'heure flamboyante du couchant.

À haute dose, il irradie l'espace sans pitié, aveuglant. Fusion du pigment.
Son cri strident transperce le regard.
L'acidité attaque les bleus qui se mettent au vert.

À vouloir approcher de trop près le soleil, on se brûle les ailes.
Je crains cette couleur plus que toute autre teinte.

Le jaune répand l'odeur du soufre.

joyeuse

Quand se couche le soleil, les rochers prennent feu, La Santa (détail)

Merci

Juste avant de dessiner, je chuchote un hommage en forme de prière. Je remercie mes pigments pour leur éclat, les pinceaux de bien se tenir et le papier de montrer la voie.
Un peu folle.
Folle de joie.

Matière à penser

L'aquarelle se compose de pigments, de gomme adragante et de miel. Charriée par l'eau vive, la terre se dépose au creux des grains du papier. Réfléchie par le blanc de la feuille, la lumière met le feu à la couleur, en toute transparence. Enfin, l'air du temps autorise toutes les effusions de tons quand l'eau s'évapore.

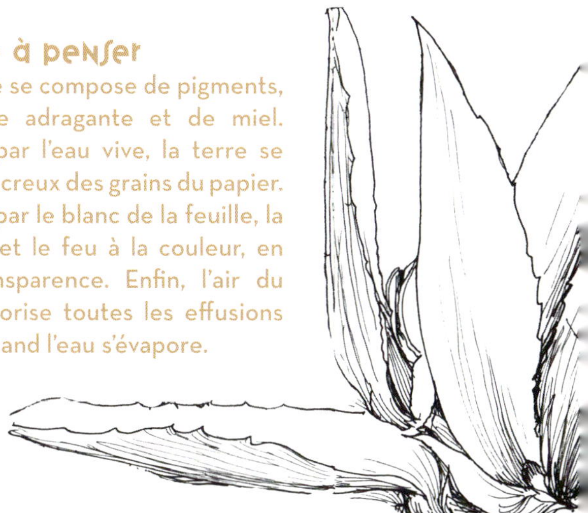

La vague, El Golfo

Z

L'heure rose, Famara

Le nom du lieu marque le point de départ.
Z trace une route à part.

Dernier de la liste. Moins sulfureux que le X, plus décalé que le Y. Rare et bizarre. Vif comme cet éclair qui zèbre le mot d'un vigoureux zigzag.
Je me sens quelques affinités avec lui.
Terminaisons nerveuses.

J'ai navigué pendant quatre heures sur une mer houleuse entre Cannes et Saint-Tropez pour satisfaire ma curiosité.
Un caprice au prix du mal de mer.
Saint-Trop' sans l'attrait du Z. La nausée m'a tenue deux jours.
Mauvaise pioche.

J'ai volé jusqu'à Zanzibar. On ne se refuse pas un double Z.
L'azur du ciel épris d'alizés.
Soleil au zénith. Promesse tenue.

Lanzarote pétille sur la langue comme de l'eau gazeuse.
Je ne savais pas à quoi m'attendre en atterrissant.
L'alphabet du paysage égrène ses lettres d'amour jusqu'au Z.

Lanzarote tous azimuts.

Mon amour

Au-dessus d'Órzola

La première fois, mon cœur a fait des vagues.
Je brûlais de coucher sur le papier tes volcans qui bouleversaient mon horizon.
Je n'en avais jamais approché d'aussi près,
sauf à Santorin. Mais ce n'était pas pareil.
Tu m'as surprise comme le cadeau que je n'espérais plus.
J'osais à peine te regarder par crainte de me voir.
Tes grands airs donnaient un coup de chaud à ma palette.

Au-delà du désir, s'annonçait le dessein d'une rencontre.
Nos deux solitudes s'aiment en secret sur la plage.
Des étoiles fleurissent sur ta peau, la mienne frissonne.
L'aquarelle perd la tête en gagnant ton cœur.

défragmentation

Incapable de se retenir de passer, le temps se perd.
L'ennui me tape sur les nerfs.

J'attends qu'on prenne ma commande à la terrasse d'une taverne à tapas au bord de la plage d'El Golfo. Une salade de thon choisie en trente secondes il y a plus d'un quart d'heure.
Le serveur me regarde dans le vide sans remarquer mes signaux de détresse.
J'ai des impatiences dans les jambes.
On ne m'entend pas, on ne me voit pas. Rien à faire.
Même transparente, je meurs de faim.

Sur le point de m'enfuir, je tourne la tête vers la mer. Les cailloux barbouillent la plage comme de la suie. Le ciel se love dans les creux d'eau.
Je n'avais encore rien vu.
Un rocher dressé comme une lame éventre la vague. En vérité, la nature ne m'avait jamais émue avant cela.
Je prends une feuille et une grande inspiration.
Les pigments se dégradent avec une telle débauche de gris que le sable scintille comme du mercure sur le papier encore humide.
Je n'en reviens pas.

Le serveur m'observe un moment avant de demander si j'avais choisi. Il m'a offert le café assorti d'un nougat délicieux.
Le dessin rend visible.
Un éboulis de lave tombe à pic. La mer ne se laisse pas faire.
El Golfo se jette à l'eau.

La révélation, El Golfo

De cendre et de sable, El Golfo

Echappée belle, El Golfo

«papas bonitas»

Quelques pommes de terre en robe des champs saupoudrées de gros sel suffisent à mon plaisir. Bien que pétrie par la main d'une brute et coloriée avec de la terre, la patate dissimule la promesse d'un moment hors du temps.

Sa chair caresse le palais avec gentillesse mais sans mollesse.
Sa modestie adoucit la grossièreté de ses traits.
Le cœur ralentit.
Les minutes coagulent.
La pensée se délie.

J'ai un goût singulier pour les *papas bonitas* de Lanzarote, les jolies pommes de terre comme on les surnomme ici. Minuscules et ridées comme des sorcières à la peau grêlée, il suffit de les tartiner d'un peu de *mojo* piquant vert ou rouge pour qu'elles resplendissent.

Un arôme de noisette sauvage enrobe chaque bouchée de tendresse.
On a l'impression de manger un moment d'enfance.

Matière à penser

Les indigènes canariens torréfiaient l'orge pour en faire du *gofio* qu'ils mélangeaient ensuite au miel et au lait de chèvre. Le *gofio escaldado*, un bouillon de poisson mélangé à du *gofio* qui lui donne la texture d'une crème épaisse, accompagne à merveille les *papas arrugadas*.

A table, Haría

invasion allemande

À l'abri, Charca de la Novia

– Die Sonnencreme,wo ist sie ? Die Sonne ist ganz schön stark.
– Schau doch in die Tasche.
– Kannst du mir den Rücken schmieren ?
Es wäre toll, mein Schatz.
– Gibst du mir die Chips, bitte ?
– Gehst du schwimmen ?
– Später, ich fühle mich etwas schlapp.

Falaises, Papagayo

– Elle est où la crème ? Le soleil tape fort.
– Cherche dans le sac.
– Tu peux m'en passer dans le dos ? Ce serait chou mon amour.
– Passe-moi les chips.
– Tu veux te baigner ?
– Plus tard, je me sens un peu lourde.

25 choses qu'il me reste à faire à Lanzarote

1 Visiter la maison d'Omar Sharif à Nazaret. Ce dernier regrettant de l'avoir cédée, le vendeur lui proposa de la jouer au bridge quelques jours seulement après avoir conclu la vente. L'acteur perdit la partie et ne remit plus jamais les pieds à Lanzarote. J'adore cette histoire surréaliste digne d'un scénario.
2 Faire le tour des Montanas del Fuego de Timanfaya en car touristique sur les traces de Houellebecq, mais sans Pam ni Barbara.
3 Me baigner à Órzola.
4 Flâner dans Arrecife, même s'il n'y a pas grand-chose à faire.
5 Essayer le surf à Caleta de Famara.
6 Rouler jusqu'à Costa Teguise juste pour voir.
7 Dessiner un carnet uniquement en noir et blanc.
8 Goûter au rhum-miel.
9 Esquisser l'inventaire des œuvres de César Manrique. L'homme et l'artiste m'impressionnent.
10 Faire l'amour dans le salon bulle de la maison de Manrique à Tahíche.
11 Puis nager toute nue dans sa piscine.
12 Prendre un cours de céramique.
13 Visiter le jardin de cactus de Guatiza, toujours Manrique.
14 Fêter mes 50 ans à Lanzarote toute seule.
15 Relire *Cent Ans de solitude* au pied d'un volcan.

Arrecife, Charco de San Gines

Charca de la Novia

16 Faire pour de vrai le tour d'El Cuervo sans m'arrêter pour dessiner.
17 Croquer un combi Volkswagen échoué nulle part.
18 Apprendre l'espagnol.
19 Faire l'ascension de Caldera Blanca.
20 Prendre le petit-déjeuner dans une *croissantería* à Teguise.
21 Pédaler au lieu de conduire.
22 Embarquer sur le ferry pour l'île de la Graciosa.
23 Manger des sardines grillées.
24 Planter un palmier à Haría.
25 Dormir à la belle étoile.

Matière à penser

Le tunnel de lave de l'Atlantide s'est formé après l'éruption du volcan la Corona il y a 3000 ans. Long d'environ 1,6 kilomètre, il prolonge jusqu'à la mer la Cueva de los Verdes et les Jameos del Agua aménagés par César Manrique. On y découvre des crabes albinos et mille créatures qui n'ont jamais vu le jour, des lacs cristallins et des staphyrophytes aux formes étranges. Bienvenue dans les entrailles de la Terre.

Haría, comme une palmeraie

César Manrique

Yo he sido siempre vital, muy positive, con una gran alegria de vivir.

« J'ai toujours eu beaucoup de vitalité, je suis très positif, avec une grande joie de vivre. » César Manrique

On remarque en premier un regard qui voit loin.
César Manrique porte le front haut, inondé de soleil. Et ce sourire suspendu à l'inspiration qui rayonne.

Enfant, il passait ses vacances à Caleta de Famara.
Les modulations de couleurs sur les rochers l'avaient impressionné, comme moi aujourd'hui.

La plupart des créations de Manrique ont trait à Lanzarote, l'amour de sa vie et son atelier à ciel ouvert.
Il a imaginé une multitude de jouets à vent pour habiller les ronds-points de poésie.
Je n'ai pas voulu prendre le risque de les figer avec un dessin.
La beauté des cactus lui a suggéré un singulier jardin aux formes pleines de sous-entendus piquants. Une sensualité qui fait plaisir à voir.
Dans sa maison, des objets du quotidien exposés comme des œuvres décrivent la simplicité d'une existence dévouée à l'art de vivre tous ensemble en jouant avec les éléments.

On lui doit l'âme de Lanzarote qu'il a révélée en l'inventant avec joie, respect et ténacité, sans renier ni trahir.

Une vraie nature.

Fondation César Manrique, Tahíche

BLL

Solitaire

Delphine
Aquarelle et encre
© Brigitte Lannaud Lévy

personne

Je roule depuis des kilomètres sur une piste caholeuse, inquiète de ne croiser personne, à part une jeep qui m'a doublée dans un panache de terre avant de disparaître. Des stries tracées à la craie par la main d'un géant épousent les flancs arrondis de Caldera Blanca.

Des pointes de lave hérissent les champs. L'asphalte se précipite dans l'océan qui fait barrage à l'horizon.

La route s'achève en cul-de-sac contre la mer. Je m'arrête à côté d'un combi Volkswagen bleu ciel recouvert de stickers de toutes nationalités. Des rideaux de dentelle à la fenêtre, un cactus en plastique à l'entrée, la gamelle du chien. Pas un chat.

Comment peut-on aimer la plage, passer la journée à touche-touche en plein soleil, le corps gras de crème et d'excès, patauger dans une pissotière d'eau salée délimitée par des bouées ?

Je déteste la chair grillée.
Saignant.

Et les corolles des parasols déployés, comme des marguerites géantes, abolissent la mer et le ciel.

La sieste, Papagayo

Playa de Las Malvas

Je cherche les plages perdues.
Je cherche les plages inaccessibles, celles qui se méritent.
Je cherche les plages ignorées.
Je cherche les plages détestées parce que les cailloux font mal aux pieds, parce que l'ombre boude et que les algues bourdonnent.
Je cherche le danger des plages cernées de rochers abrupts.

Une crique de galets surgit en contrebas. Des totems de pierre coiffés d'algues rousses montent la garde.
De chaque côté, les falaises plongent à pic.
Je m'installe pour dessiner à l'écart du chemin. Personne ne viendra jamais planter son parasol ici.

Dévisager Playa de la Madera.

Fusionner les pigments pour refroidir ou réchauffer une tache en forme de rocher au gré des humeurs du ciel. Apprivoiser la grâce d'une plage trop étrange pour être découverte, sauf par les fous qui décident d'aller jusqu'au bout du monde.

faux-semblants

Les jeux de société ne m'ont jamais amusée. Faire semblant, bluffer, se battre pour gagner.
Les règles du jeu social manquent de transparence.
Je n'y vois pas clair, sans l'ombre d'un doute, à la merci des requins à l'aise en eaux troubles.

Je ne sais pas tricher.
On me le reproche souvent.

Aucun mode d'emploi n'a su décrypter pour moi l'art hermétique de la conversation qui exige que l'on dise ce que l'on ne pense pas avec l'air d'y croire. Faire plaisir, paraître agréable, être aimée. Je n'y comprends rien.

La solitude ne me pèse pas, elle m'allège.

Pas âme qui vive ce matin-là dans les rues de Famara battues par le vent.
Je suis si bien, toute seule au monde.
Pour de vrai.

Famara, battue par le vent

Mirage

L'été chauffe à blanc les maisons.
Les corps sont dissous dans un bain de soleil. Même pas l'ombre d'un chat qui erre.

Faut-il s'en plaindre ?
Me voici l'héroïne d'une ville-fantôme écrasée de chaleur.

Quelle fut la stupéfaction d'une femme à sa fenêtre quand elle me surprit en train de dessiner à midi pile.
Je n'ai rien compris à ce qu'elle me dit – je ne parle pas espagnol.

Elle apporta de l'eau avec une tranche de pastèque, puis exigea avec de grands gestes que je me mette à l'ombre.
Impossible de quitter mon point de vue. Elle ne comprenait pas mon entêtement à ne pas vouloir bouger.
Je n'aime pas faire l'objet d'attentions qui m'embarrassent. Je ne sais pas dire bonjour, encore moins merci, sans me sentir ridicule.

J'ai mangé la pastèque à toute vitesse
parce qu'elle me regardait.
Le jus dégoulinait sur mes doigts.
Je n'avais pas soif, mais j'ai tout bu.

Le charme était rompu.

Teguise, midi pile

À l'ombre de Teguise

No man's land

À l'envers se déroule une histoire en marge des apparences.
Côté cour, les masques tombent en dévoilant sans politesse la face cachée du décor.
Rebuts, gravats, déchets. Les no man's land échappent au cadre.
Je m'aventure hors-champ, là où personne ne souhaite se rendre.

Peintre de charognes, je tranche dans le vif en faisant les poubelles de la ville qui bouffe, qui chie et qui dégueule.
L'autopsie d'un lieu révèle ce qu'il a dans les tripes sans tricher.

On ignore les coquetteries et les belles manières quand le sujet ne fait plus le beau.
La vérité vient de l'intérieur.

Matière à penser

Les femmes autistes Asperger sont rarement diagnostiquées car elles présentent un handicap souvent invisible. Elles ont appris les comportements sociaux pour les imiter au prix d'efforts qui les épuisent. Reines de la dissimulation, elles camouflent leurs obsessions, leur besoin de solitude et leur hypersensibilité. Mettant leur personnalité hors-champ, elles construisent un faux self qui ressemble à ce qu'on attend d'elles.

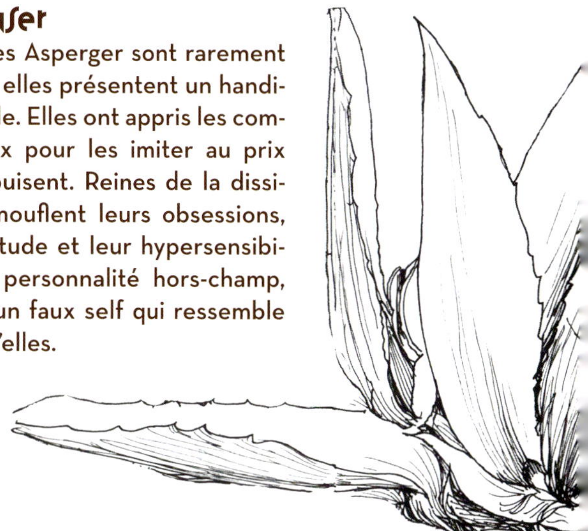

Les toits, La Santa

La Santa, à l'abandon

Coques échouées, Arrieta

Lz-67

À Mancha Blanca j'emprunte la LZ-67 pour rejoindre Yaiza.
Il est interdit de s'arrêter au bord de la route qui traverse le parc naturel de Timanfaya.
Les volcans ont droit au repos.

Sur une impulsion, je bifurque à droite en direction de Playa de Las Malvas.
Le chemin semble ne mener nulle part. Le bitume s'effrite en creusant des nids-de-poule de plus en plus larges.
Hésitant à poursuivre, je me gare.

Les cratères font leur cirque pour moi toute seule. C'est spectaculaire.
Le silence monte des champs labourés par les bombes.
Du pastel tendre poudre les lointains.
Devant moi la masse en contre-jour d'un géant jongle avec trois valeurs de terre : ombre naturelle, ombre calcinée, ocre rouge.
À mon tour de dresser les fauves !
C'est parti pour un tour de piste qui m'en fera voir de toutes les couleurs.

Je ne remarque pas tout de suite la voiture qui s'est arrêtée à quelques mètres.
Les portières claquent. Bruits de voix.
« Merde, elles ne pouvaient pas s'arrêter plus loin ? »
Une fille monte le son de l'autoradio. Elles dansent avec de grands gestes qui bousculent mon paysage. Juste là.
« C'est quoi cette blague ? »

La blonde moulée dans son short fait la belle.
Elles se mitraillent sans me calculer.
Un nuage passe, éteignant d'un coup la lumière.
Pause.
« Pauvres connes. »
La musique fait un tel boucan que je n'y vois plus rien.

Je me sentais seule au monde, elles sont seules au monde.

Timanfaya

Apéro solo

Des *papas bonitas* tièdes, un verre de vin rouge, un roman policier pour tenir les autres à distance.

C'est le meilleur moment de la journée, face à la mer qui danse avec le ciel en robe du soir.

Sans modération.

Buissons-ardents, Caleta de Famara

postface

Lanzarote, toute une histoire

Les premiers habitants de Lanzarote s'appelaient les Guanches. Ils appartenaient à un groupe ethnique proche des Berbères d'Afrique du Nord. À cette époque, l'île portait le nom de Tytergaka qui signifie en langue tamazight « un qui est tout ocre ».
Lanzerotto Malocello, un navigateur génois, aurait découvert les îles Canaries vers 1312.
Des pirates venus s'approvisionner en esclaves et en orchilla, un lichen utilisé pour la teinture, envahirent l'île à maintes reprises.
Sous l'impulsion du roi d'Espagne Henri III de Castille, Jean de Bethencourt, un seigneur français, et le chevalier Gadifer de La Salle débarquèrent à Lanzarote en 1402. Ils offrirent leur protection au roi indigène Guadarfía en échange de la gouvernance de Lanzarote.

En 1479, après d'âpres discussions entre l'Espagne et le Portugal, le traité d'Alcáçovas accorda définitivement les Canaries à l'Espagne.
En 1812, la constitution de Cadix abolit le système féodal en vigueur aux Canaries qui devinrent alors une province à part entière de l'Espagne.
Entre 1730 et 1736, puis en 1824, une dizaine de villages furent enfouis sous les projections de lave quand les Montañas del Fuego entrèrent en éruption en édifiant au passage plus de trente cônes volcaniques le long d'une gigantesque fissure.
Ces évènements ravagèrent un quart de la surface de Lanzarote, donnant à l'île son apparence lunaire.

La famine qui s'ensuivit provoqua la fuite de la plupart des habitants. Les rescapés durent alors apprivoiser cette terre composée de lave et de cendres en élaborant

de nouvelles techniques agricoles destinées à retenir l'eau et à protéger les cultures du vent.
Le parc de Timanfaya fut officiellement reconnu parc national d'Espagne en 1974.
Cette immense mer de lave figée constituait auparavant l'une des terres les plus fertiles de l'île.
Les volcans sont l'ADN de Lanzarote : elle n'en compte pas moins de cent dix.
L'impressionnante quantité de lave projetée, la durée des éruptions et les nombreux séismes sous-marins classent ces éruptions parmi les plus importantes de l'histoire du volcanisme.

La Geria

La Geria est une région viticole qui s'étend entre les villages de Mozaga et d'Uga.
La culture traditionnelle de la vigne a façonné un paysage unique au pied des volcans, en forme d'alvéoles. Chaque cep de vigne est cultivé individuellement dans un entonnoir de plusieurs mètres de profondeur creusé dans la cendre volcanique pour garantir une bonne absorption de l'eau de pluie et conserver l'humidité de la rosée. Au bord de ce trou, un muret en pierre sèche appelé *zoco* dessine un arc de cercle qui protège la vigne du sirocco.
Certains ceps sont centenaires, le phylloxéra n'ayant jamais atteint Lanzarote.

César Manrique (1919-1992)

Né à Arrecife en 1919, Manrique étudie à l'Académie des beaux-arts de Madrid après avoir commencé puis abandonné des études d'architecture.
Il devient alors un peintre plasticien reconnu internationalement.
Il part pour New York en 1964 mais, saisi de nostalgie pour son île natale, il revient à Lanzarote en 1968, faisant de celle-ci son atelier grandeur nature.

Il consacre le reste de sa vie à protéger le territoire et le patrimoine de Lanzarote.
Aucun bâtiment, hormis les clochers des églises, ne doit dépasser la hauteur d'un palmier, les panneaux publicitaires sont interdits en bordure de route et les câbles électriques doivent être enterrés.
C'est encore lui qui instaure une charte pour que les villages soient peints uniquement en blanc et en vert.
Il associe l'art, l'architecture et la nature dans un élan créatif et un souci d'harmonie encore présent aujourd'hui.

En 1978, le Prix mondial de l'écologie et du tourisme lui est attribué pour son aménagement de l'îlot de Fermina, face à Arrecife.

César Manrique perd la vie dans un accident de voiture en 1992, à l'âge de 73 ans.

Nos livres sont imprimés sur des papiers soigneusement sélectionnés
et fabriqués dans le respect des normes écologiques.
Le choix de la police de caractère Variex OT traduit notre volonté d'allier l'originalité
du graphisme et la thématique de cet ouvrage.

Dépôt légal : octobre 2023
N° d'édition : 96405909-01
Achevé d'imprimer par Polygraf print